Zur Frage

der

Reform des Irrenwesens.

Verhandlungen und Beschlüsse

des

Vereins der Deutschen Irrenärzte

in der

Sitzung vom 13. September 1895 zu Hamburg.

Referenten:

Siemens — Lauenburg i. P.

Zinn sen. — Eberswalde.

Berlin.

Druck und Verlag von Georg Reimer.

1895.

Zur Frage

der

Reform des Irrenwesens.

Verhandlungen und Beschlüsse

des

Vereins der Deutschen Irrenärzte

in der

Sitzung vom 13. September 1895 zu Hamburg.

Referenten:

Siemens — Lauenburg i. P.

Zinn sen. — Eberswalde.

Berlin.

Druck und Verlag von Georg Reimer.

1895.

Inhalt.

Zur Frage der Reform des Irrenwesens in Deutschland, insbesondere in Preussen.

Referat von Med.-Rath Dr. F. Siemens,
Director der Prov.-Irrenheilanstalt in Lauenburg i. P.

Meine Herren! Als im Mai 1893 in Frankfurt a. M. unser verehrter Herr College Zinn auf Grund der bei uns geltenden Gesetze und Verordnungen in überzeugender Weise nachwies, dass dieselben sowohl bezüglich der Aufnahme der Geisteskranken in öffentliche und private Irrenanstalten, als bezüglich der Staatsaufsicht über diese, als endlich bezüglich der Entmündigung der Geisteskranken allen Anforderungen genügten, vorausgesetzt, dass die erlassenen Bestimmungen richtig und von sachkundigen Personen gehandhabt würden, da standen wir Alle unter dem Eindruck, dass nach diesen klaren Darlegungen, deren Richtigkeit Jeder leicht nachprüfen konnte, die Beunruhigung der öffentlichen Meinung sich legen müsse und die Angriffe auf die Irrenärzte und Irrenanstalten endlich verstummen würden.

Sie wissen, von welcher Seite damals vorzugsweise jene Angriffe auf die Irrenanstalten ausgingen. Ich konnte in Frankfurt in meinem Referate über Psychiatrie und Seelsorge nachweisen, dass es sich bei dem Kampfe der hochkirchlichen Partei gegen die Irrenärzte im Wesentlichen um das Bestreben handelte, die Pflege der Geisteskranken womöglich den Aerzten ganz aus der Hand zu nehmen und in die Gewalt der Kirche zu bringen. Auf das Bedenkliche dieser Bestrebungen für die Irrenpflege haben wir damals aufmerksam gemacht. Wir warnten eindringlich und mit guten Gründen die Preussischen Provinzial-Verwaltungen davor, die Kranken in nicht unter ärztlicher Leitung stehende Anstalten, z. B. auch nicht in pastorale oder Ordens-Anstalten zur Pflege zu geben, welche letztere „die ärztliche Mitwirkung höchstens insoweit zulassen, als sie zur Behandlung der vorkommenden leiblichen Krankheiten nothwendig ist“, und den Aerzten die erforderliche leitende Stellung bei den Anstalten nicht einräumen. Wir wiesen nach, dass die Behandlung der Geisteskranken nach den Anschauungen und Lehren der Orthodoxie, welche die Entstehung der Krankheit auf die Sünde zurückführt, in der praktischen Bethätigung dieser Lehre nothwendig zu Zwang und Bestrafung der Kranken führen müsse. Wir wiesen endlich nach, dass auch der pekuniäre Vortheil einer derartigen Unterbringung in vieler Hinsicht nur ein scheinbarer und momentaner, und dass es für die Verwaltungen ein unwürdiger Standpunkt sei, die ihnen durch Gesetz auferlegte Verpflegung und Behandlung der Kranken an den Mindestfordernden zu vergeben. Wir machten darauf aufmerksam, dass das Preussische Gesetz vom 11. Juli 1891 seinem Sinne nach entschieden fordere, dass die Landarmen-Verbände die ihrer Fürsorge anheimfallenden Kranken in eigenen Anstalten unterbringen, dass unter den im neuen § 31 geforderten geeigneten Anstalten nur eigene verstanden werden könnten, zumal der neue § 31a ausdrücklich sagt: „Die allgemeinen Verwaltungskosten der Anstalten und die Kosten der von der Anstalt selbst bewirkten Beerdigung trägt der Landarmen-Verband.“

Bei der grossen Wichtigkeit dieser Frage für unser Staatsleben durften wir erwarten, dass unsre Ausführungen nicht ungehört verhallen würden, und wir durften auch hoffen, dass unsre einmüthig geäusserten Wünsche Berücksichtigung bei den maassgebenden Stellen finden würden.

Aber leider stand nach zwei Jahren fast alles noch auf demselben Standpunkt wie früher, und es bedurfte erst des Sensations-Prozesses Mellage-Mariaberg, um die Staatsregierung und die Provinzial-Verwaltungen auf die Erfüllung der bisher unberücksichtigt gebliebenen berechtigten Forderungen der Irrenärzte hinzuweisen. Eine Durchsicht der damals gepflogenen Verhandlungen (gedr. bei J. F. Lehmann in München 1893), vorzüglich des Referats von Zinn, wird Jeden überzeugen, dass auch bezüglich der Beaufsichtigung der Irrenanstalten schon damals von uns das erstrebt worden ist, was man heute als nothwendig anerkennt.

Wäre man eher an die Erfüllung dieser berechtigten Wünsche herangegangen, so wäre unserm Staate vielleicht der beschämende Prozess erspart geblieben. Die starke Erregung der öffentlichen Meinung, jedesmal, wenn etwas über die Irrenanstalten erörtert wird, hätte darauf aufmerksam machen sollen, dass die Angelegenheit wichtig ist. Die Irrenpflege ist seit Anfang dieses Jahrhunderts auch bei uns in Preussen als eine Angelegenheit von eminent öffentlicher Bedeutung aufgefasst worden. Die öffentliche Irrenpflege ist früher nicht privaten Händen oder gar der Kirche überlassen worden. Indem der Staat die öffentliche Irrenfürsorge den Landarmen-Verbänden übertrug, erwartete er entschieden nicht, dass die Provinzen und grossen Communal-Verbände und Städte in Preussen die ihnen obliegende Irrenpflege aus Bequemlichkeits- oder Ersparnissrücksichten allmälig in die Hände von Privaten oder von religiösen Genossenschaften abgeben würden. Denn es ist doch zweifellos: giebt die Provinz einen Theil der Kranken aus ihrer Hand, so vermindert und beeinträchtigt sie die ihr obliegende Fürsorge.

Von allem Andern abgesehen, so hat sie nicht die Mittel der Ueberwachung über die Pflege und Behandlung der Kranken, wie in den eigenen Anstalten. Jene Aachener Prozessverhandlung wies öffentlich und überzeugend nach, dass es ein unhaltbarer Zustand sei, wenn in einer mit Hunderten von Geisteskranken und Epileptischen belegten pastoralen oder Ordens-Anstalt kein Arzt wohnte, sodass also die Behandlung im Wesentlichen von den Klosterbrüdern geleitet wurde, wenn die beiden sogenannten Anstaltsärzte täglich nur stundenweise, und auf die Angaben der Brüder hin sich mit den Kranken befassten, und endlich, dass alles dies den Staats- und Provinzial-Behörden schon lange bekannt sein musste, ohne dass diese bis dahin etwas Bedenkliches dabei gefunden hatten.

Warum sollten sie auch? Diese Verhältnisse in Aachen waren ja kein Unicum. Es war ja in fast allen pastoralen Anstalten nicht anders. So wie in Mariaberg war ja der ärztliche Dienst meistentheils in den pastoralen Anstalten für Idioten, Epileptische und Geisteskranke bis in die neueste Zeit eingerichtet. Schon vor 5 Jahren haben Wildermuth (Ztschr. f. d. Beh. Schwachsinniger, Stuttgart 1890, 1) und Schliep (Die ärztliche Thätigkeit in der Anst. für Idioten u. Epil., D. Med. Woch. 1891 p. 623) vergeblich darauf aufmerksam gemacht, dass die Kranken selbst in den grossen derartigen Anstalten ungenügend ärztlich versorgt wären. Schliep sagt von den Kückenmühler Anstalten bei Stettin: „Es gab hunderte von Patienten, welche ärztliche Behandlung dringend nöthig hatten; gut und ausreichend konnte die Behandlung nicht sein, wo der Arzt nur einigemale in der Woche erscheint . . .“ Schliep weist besonders auf die Fälle von Nahrungsverweigerung hin, „wo ev. die Schlundsonde anzuwenden ist, ferner die plötzlichen schweren Verletzungen, die Selbstmordversuche (durch Erhängen, Springen aus dem Fenster, Halsschnittwunden). In solchen Fällen muss erst zum Arzt nach der Stadt geschickt werden, oder man behilft sich, so gut es geht.“ Diese Anstalt liegt vor den Thoren von Stettin, also auch unter den Augen der Regierung, hunderte von Idioten, Epileptikern und Geisteskranken werden darin seit Jahren verpflegt, darunter viele Provinzialkranke, und die Provinz hat mehrere Hunderttausende Mark an Baukosten hergegeben. Erst seit neuerer Zeit hat der in Stettin wohnende Anstaltsarzt dort tägliche Besuche gemacht, und der Bericht für 1893 hebt als Verbesserung hervor, dass die Anstalt mit dem Arzt, welcher in der Stadt wohnt und dort prakticirt, jetzt durch Fernsprecher verbunden sei. Weder der jetzige „Anstaltsarzt“ noch sein Vorgänger ist bezw. war Psychiater oder Nervenarzt vom Fach, sondern ohne praktische specielle Vorbildung für seine Stelle; ich gebe gern zu, dass sie ausgezeichnete praktische und Krankenhaus-Aerzte sind.

Im Mai dieses Jahres endlich ist ein Assistenzarzt angestellt worden, der in der Anstalt wohnt, in neuester Zeit sogar noch ein zweiter. Ich dachte mir, als ich den Beschluss des Curatoriums vernahm, der junge College würde eine eigenthümliche Stellung dort haben, und wurde darin bestärkt durch die Form der Annonce in der Berl. Klin. Wochenschrift, durch welche der betr. Arzt gesucht wurde. Hier hiess es nämlich: „Derselbe (Assistenzarzt) wird seine Thätigkeit vorzugsweise in den zur Anstalt gehörigen Krankenhäusern auszuüben haben.“ — Natürlich, denkt man, die zur Anstalt gehörenden Kranken wohnen ja alle in den Krankenhäusern. Aber nein, so war es nicht gemeint, sondern die „Krankenhäuser“ sind nur die Lazarethe, in welchen vorzugsweise die körperlich Kranken liegen!

Der Director, Pastor Bernhard, hält die übrigen Insassen der Anstalt nicht für Kranke; er sagt in seinem neuesten Jahresbericht: „Es muss ja auch Verwirrung herbeiführen, wenn man unsre Anstalten, welche bisher mit vollem Recht zu den Erziehungsanstalten gerechnet sind, jetzt als reine Krankenanstalten ansehen will.“ Er nennt daher die Anstaltsinsassen „Zöglinge“, und zwar solche im jugendlichen Alter — Erziehungs-Abtheilung —, dann Arbeits-Zöglinge und Pflegeabtheilungs-Zöglinge. Von letzteren sagt er: „Kann auch ihr Geisteszustand nicht durch ärztliche Einwirkung geändert werden, so wird ihnen doch in ihren körperlichen Leiden manche Linderung und Hülfe geschafft.“ Director Pastor Bernhard sagt dann weiter: „In Anstalten, welche ärztliche Oberleitung haben, werden naturgemäss eine grössere Anzahl von Assistenzärzten sein. Diese aber haben immerhin nur theilweise ihren eigentlich ärztlichen Beruf an den Kranken auszuüben, vielfach haben sie dieselbe Aufgabe zu erfüllen, wie sie hier von den theologischen Mitarbeitern geleistet werden — eine Mitaufsicht über das Pflegepersonal. Hierzu aber genügt in der Hauptsache eine Bekanntschaft mit den Regeln der Gesundheitspflege, wie sie nachgerade Gemeingut der Gebildeten überhaupt geworden ist und sich mindestens akademisch gebildete Männer unschwer aneignen können."

Diesen Anschauungen gegenüber, welche zeigen, wie wenig der Pastor eine Ahnung davon hat, was alles an ärztlichem Dienst bei seinen Kranken zu leisten ist, kann man nur sagen: es ist hohe Zeit, dass auch in den Anstalten Kückenmühle und Tabor bei Stettin eine ärztliche Oberleitung und eine genügende sachverständig-ärztliche Versorgung der fast 700 Kranken geschaffen wird!

Schon 1876 machte der damalige Cultusminister Falk die Königliche Regierung in Münster durch besonderes Rescript darauf aufmerksam, dass die mit 107 Geisteskranken belegte Anstalt zu Telgte, deren Leiter ein Caplan war, „um einen segensreichen Erfolg zu haben, durch die dauernde entscheidende Mitwirkung einer bewährten ärztlichen Kraft unterstützt sein muss". Heute hat die Anstalt 187 Geisteskranke und die gerügte Organisation ist die alte. Die ärztliche Function besorgt ein praktischer Arzt für 300 M. jährlich. (Köln. Ztg.)

Was in Anstalten von so geringer Mitwirkung bei der Behandlung der Kranken herauskommt, sehen wir an Mariaberg. In dieser Hinsicht hat der Prozess wie ein reinigendes Gewitter gewirkt; einer der Blitze hat auch ein helles Licht auf den Missstand geworfen, dass solche Kranke in Anstalten untergebracht werden, die nicht unter special-ärztlicher Leitung und Verantwortung stehen. Es wurde dem Publikum klar, dass die Frankfurter Forderung der Irrenärzte keineswegs eine übertriebene, von zünftlerisch-egoistischer Gesinnung eingegebene war, sondern dass sie das wahre Interesse der Kranken und des Staates im Auge hatte. Nach dieser Richtung hin erwarten wir in erster Linie eine Reform unsres Irrenwesens.

Aber der Aachener Process hat auch noch andere wichtige Fragen berührt. Zunächst möchte ich bemerken, dass hier nicht untersucht werden soll, ob Mr. Forbes geistesgestört war oder nicht, und ob seine Internirung unnöthig und ungesetzlich war.

Die Frage ist durch Forbes' geistlichen Stand, die clericalen Sonderbestimmungen und die Einwirkungen der kirchlichen Behörde eine verwickelte geworden. Dass sein geistiger Zustand auch rein medicinisch ein zweifelhalfter war, geht aus den Verhandlungen des Prozesses deutlich hervor, und die Gutachten der Sachverständigen, selbst das des Herrn Finkelnburg, konnten nicht umhin, eine ganze Menge abnormer Erscheinungen nervöser und psychischer Art bei Forbes zu constatiren.

Es wird ja stets Fälle zweifelhafter und schwieriger Natur geben und es hat diese immer gegeben, wo die Urtheile der Sachverständigen auseinandergehen und wo die mit solchen Zuständen weniger Vertrauten und die Laien nach ihrer mangelhaften Kenntniss derartiger Zustände überhaupt keine geistige Störung erkennen. Beschwerden über angeblich unrechtmässige Aufnahme in eine Irrenanstalt von Seiten psychopathischer Individuen werden daher niemals aufhören. Man müsste zuerst die geistigen Störungen und die Irrenanstalten überhaupt aus der Welt schaffen, wenn man solche Reclamationen verhindern wollte. Das Fehlen der Krankheitseinsicht und des Krankheitsbewusstseins ist ja fast die Regel bei vielen Geistesstörungen; lässt man also die Geisteskranken über ihre Unterbringung in die Irrenanstalt reden und schreiben, und übergiebt eines Jeden langathmige Erklärungen gedruckt der Oeffentlichkeit, so kommen tausende von Brochüren heraus, welche alle gebieterisch ein Eingreifen des Staates, eine Bestrafung der Irrenärzte, eine andere Regelung der Aufnahme- und Ueberwachungsbestimmungen fordern.

Es ist daher fast naiv, wenn in der Brochüre „Zur Reform des Irrenrechts" von Prof. v. Kirchenheim und Dr. Reinartz alle die auf solche Weise entstandenen Druckschriften ohne weitere Kritik als „Fälle ungerechtfertigter Irrsinnserklärungen" zusammengestellt werden. Erwähnung verdienen in der Zusammenstellung besonders die No. 60 bis 65: Ungenannt, Näheres durch Herrn Geheimrath Finkelnburg! —

Von den in der eben genannten Brochüre begründeten „Göttinger Leitsätzen" will ich hier nur noch die Sätze unter

No. 7 anführen: a) Es ist eine strafgesetzliche Bestimmung (etwa § 239 a) einzufügen, wonach widerrechtliches Einbringen und Einbehalten in einer Irrenanstalt mit Freiheitsstrafe in schweren Fällen und, wenn ein Beamter oder Arzt der Thäter ist, mit Zuchthaus bestraft wird. b) Der Begriff der falschen Anschuldigung (§ 164 S. G. B.) ist auszudehnen auf die Behauptung des Irrsinns und die Behauptung von Thatsachen, die, wenn sie wahr wären, eine Entmündigung oder Unterbringung in eine Irrenanstalt zur Folge hätten. — Wie weit schiesst dieser aus Unkenntniss der Verhältnisse hervorgegangene Angriff über das vernünftige Ziel hinaus! Und wie weit sind wir noch entfernt von dem humanen Ideal, dass die Irrenanstalt nichts andres sein soll als ein Krankenhaus! Sie haben von dem Vertreter der Hamburger Medicinalbehörde soeben gehört, dass hier in Hamburg ein einfaches ärztliches Attest auch zur Aufnahme in die Irrenanstalt genügt. —

Volle Zustimmung muss aber der Satz No. 11 finden: Die Psychiatrie ist in der Prüfungsordnung für die ärztliche Staatsprüfung als besonderer Prüfungsgegenstand aufzunehmen.

Eine gleichmässig bessere Qualification aller Aerzte zur Erkennung der krankhaften geistigen Störungen und zur Abgabe von sachverständigen Gutachten über zweifelhafte Geisteszustände ist eine der Grundbedingungen für die Reform des Irrenwesens. Das ist wiederum eine alte, noch unerfüllte Forderung der Deutschen Irrenärzte: der obligatorische klinische Unterricht und die Prüfung in der Psychiatrie. Erst in neuester Zeit hat Prof. Sommer (Zeitschrift für sociale Medicin 1895) in überzeugender Weise wieder die Gründe zusammengestellt, welche für diese Forderung sprechen. Wenn alle Aerzte psychiatrische Bildung hätten und in solchen Sachen Kritik üben könnten, hätten sie das Publicum vermuthlich lange vor dem Aachener Process darüber aufgeklärt, dass die Verhältnisse in dem Alexianerkloster mangelhafte sein mussten. Bei dem Fehlen genügender sachverständig-ärztlicher Aufsicht neben der bekannten in clericalen und pastoralen Anstalten geübten moralisirenden Auffassung der Handlungen Geisteskranker mussten Bestrafungen, Züchtigungen und Zwangsmittel an der Tagesordnung sein.

Wie alle Errungenschaften auf dem Gebiete der Erkenntniss krankhafter Geistesvorgänge, so sind auch alle Fortschritte in der praktischen Irrenpflege ärztlichen Ursprungs; auch die Beseitigung des mechanischen Zwanges und der Strafmittel ist ärztliches Verdienst. Unmöglich können diese ärztlichen Errungenschaften in denen unter geistlicher Leitung stehenden Anstalten in ihrem ganzen Umfang und in ihren Consequenzen durchgeführt werden. Der ärztlichen Auffassung der Handlungen der Irren als Ausfluss ihrer Krankheit steht die moralisirende Auffassung schroff gegenüber, und das wird sich auch in dem Verhalten des geistlichen Wartpersonals den Kranken gegenüber ausdrücken. Je freier die Kranken in den Anstalten behandelt werden, um so weniger gefährliche Ausbrüche werden bei ihnen vorkommen, und um so weniger Fehler des Wartepersonals werden gemacht werden. Systematische und gewohnheitsmässige Misshandlungen seitens des Pflegepersonals, wie sie bei dem Personal aus geistlicher Schule constatirt sind, werden bei der freien Behandlung unmöglich sein.

Ganz und völlig sind aber weder die Unglücksfälle, noch gelegentliche Ausschreitungen des Wartpersonals zu verhindern. Solange wir als Wärter und Wärterinnen Menschen haben, mit menschlichem Empfinden, mit menschlichen Schwächen und Bedürfnissen, mit ermüdbaren Nerven, mit Nahrungs- und Schlafbedürfniss, solange wir also Menschen haben und keine idealen, bedürfnisslosen Engel, — solange werden Unvollkommenheiten unvermeidlich sein. Und solange es Geisteskranke giebt, welche aufgeregt, störend, gewaltthätig sind, geneigt, ihre Umgebung und Pfleger zu reizen, ihnen Schwierigkeiten zu machen und sie auf alle Weise zu verunglimpfen und zu quälen, solange werden sich auch einzelne Pflegepersonen zu Reactionen gegen die Unerträglichkeiten hinreissen lassen, Reactionen, welche ihnen durch ihre Dienstanweisung verboten sind.

Das ist ja eine der Hauptthätigkeiten des Irrenarztes, dass

er durch eigenes lebendiges Beispiel und durch unermüdliche Unterweisung das Pflegepersonal anleitet, wie solche Aufregungen je nach der Individualität der Kranken zu vermeiden sind, und das Personal zu bewahren sucht vor jeder Handlung, welche zur unnöthigen Beschränkung der den Kranken irgend zu lassenden Freiheit oder zur Erwiderung eines von den Kranken ausgehenden Angriffs führen könnte.

Nöthig ist auch zur Verbesserung der Lage des Wartpersonals, dass seine Zahl im Verhältniss zu den Kranken erhöht wird. Das bisher an vielen Anstalten übliche Verhältniss ist viel zu niedrig, es genügt die Zahl des Wartpersonals nicht zu einer ausreichenden Pflege und Beaufsichtigung, wie sie alle Welt jetzt verlangt. Für die Erholung und das ungestörte Ausruhen des Wartpersonals muss mehr gethan, in nicht zuviel Dienststunden hintereinander sollen die Einzelnen angestrengt werden. Die Gehaltsfrage muss befriedigend gelöst werden, ebenso wie die der späteren Versorgung.

Nachdem unsre modernen Irrenanstalten sowohl baulich als administrativ einen verhältnissmässig hohen Grad von Vollkommenheit erreicht haben, ist die weitere Vervollkommnung, das wissen wir sehr wohl, zunächst vorzugsweise nach der Seite der Verbesserung und Vermehrung des Wartpersonals zu erstreben. Ueberall und unablässig beschäftigen sich die Irrenärzte mit dieser Frage, und es ist zweifellos, dass eine Reform des Irrenwesens hier besonders ihre Hebel wird ansetzen müssen. Aber die Lösung ist schwierig.

Erfreulich ist der Erlass des Cultusministers, worin er die Revisions-Commissionen anweist, dem Wartpersonal der Anstalten eine besondere Beachtung zu schenken. Es wäre in der That nicht mehr als recht und billig, wenn die von Unkundigen so viel geschmähten, in langjährigem schweren Dienst bei Geisteskranken bewährten Oberwärter, Wärter und Wärterinnen der Irrenanstalten auch vom Staate durch Auszeichnungen belohnt würden.

Wenn das Publicum und die Presse der Irrenpflege wahrhaft wohlwollend gegenübersteht, sollten die Leistungen des Irrenwartpersonals mehr anerkannt werden. Es ist nicht zu sagen, welches Maass von seelischer und körperlicher Anstrengung, von Selbstverläugnung, von Geduld und von Gewissenhaftigkeit bei Tag und Nacht zur Irrenpflege gehört! Es ist erstaunlich, dass sich überhaupt noch Leute finden, welche sich zu diesem undankbaren, kärglich bezahlten, schweren und gefahrvollen Dienst hergeben. Sie setzen bei der Pflege der Irren alle Tage ihre Gesundheit, ja das Leben aufs Spiel, und geschieht dann einem Kranken etwas, so gewärtigen die Pfleger entehrende Bestrafung.

Diejenigen, welche in der Presse Tag für Tag über die Irrenärzte und ihr Wartpersonal herfallen, kennen die wirklichen Verhältnisse in der Regel nicht im Geringsten. Es ist bedauerlich, dass das Publicum dadurch in einer steten Aufregung und in einer künstlichen Missstimmung gegen die Irrenanstalten gehalten wird, welche auch auf die Kranken und ihre Angehörigen aufregend und schädigend einwirkt und das Vertrauen in unser vaterländisches Irrenwesen immermehr untergräbt.

Nein, meine Herren, unsere deutschen Irrenanstalten sind nicht schlecht, und sie können sich mit denen anderer europäischer Staaten wohl vergleichen. Damit soll nicht gesagt sein, dass sie der Verbesserung nicht noch fähig und bedürftig wären.

Wir erwarten eine weitere Vervollkommnung unsrer Anstaltsverhältnisse nach Uebernahme aller Kranken in eigene Anstalten der Landarmen-Verbände von der dann möglich werdenden Scheidung der Kranken, sodass die Heilbaren und geistig noch nicht Entarteten in den jetzigen Heil- und Pflegeanstalten, die andern Kranken aber in besonderen Pflege- und in Siechenanstalten untergebracht werden.

Die in einfachen Verhältnissen zu haltenden Pflegeanstalten in ländlicher Lage mit vorwiegend landwirthschaftlichem und gärtnerischem Betriebe können durch rationelle Wirthschaftsführung zur Herabsetzung der Kosten der Irrenpflege beitragen.

Hier ist der Punkt, wo die Landarmen-Verbände ihre Ersparnisse machen können, nicht dadurch, dass sie ihre Kranken bei Privaten oder bei geistlichen Anstalten in Pflege geben. Die Siechenanstalten können ebenfalls einfachere Verpflegungsformen haben.

Gleichzeitig damit muss die Frage der Unterbringung der geisteskranken Verbrecher anders geregelt werden. Wenn sich nicht, was in erster Linie zu empfehlen ist, mehrere Landarmen - Verbände zu gemeinsamer Unterbringung vereinigen, können die einzelnen durch Einrichtung von Adnexen an ihre Corrections- und Landarmenanstalten der beklagenswerthen Lage abhelfen, dass die unbescholtenen Geisteskranken gezwungen sind, in den Heil- und Pflegeanstalten mit degenerirten Vagabunden und Zuchthäuslern zusammen zu sitzen, mit Elementen, welche den Ton in der Anstalt verderben und freieren Einrichtungen hindernd im Wege stehen.

Weiter wird auch in vielen öffentlichen Anstalten neben der Vermehrung des Wartpersonals eine Vermehrung des ärztlichen Personals erforderlich werden. Wenn die intensive geistige und körperliche Pflege und Behandlung der Kranken und die Beaufsichtigung und Anleitung des Wartpersonals so, wie sie verlangt werden muss, durchgeführt werden soll, wenn für die vielen schriftlichen Arbeiten und Verwaltungsgeschäfte noch Zeit bleiben und dann die Aerzte noch wissenschaftlich arbeiten und sich fortbilden sollen, so darf dem Einzelnen nicht eine zu grosse Anzahl von Kranken zugetheilt werden, besonders in den Anstalten mit vorwiegend heilbaren und frischen Kranken. Auch hat Sommer (a. a. O.) Recht, wenn er von der psychiatrischen Ausbildung aller Aerzte eine bessere Auswahl derer, welche sich zu Irrenärzten vom Fach eignen, erwartet. —

Wenn ich nunmehr auf die Reform der gesetzlichen Bestimmungen bezüglich der Irrenanstalten noch etwas näher eingehen soll, so freue ich mich, sagen zu können, dass sowohl die verständige Presse als auch die Redner im Parlament eine Erschwerung der Aufnahme von Kranken in die Anstalten nach der Richtung hin, dass durch die verschärften Aufnahmebedingungen eine Verzögerung der nothwendigen Aufnahmen bewirkt wird, nicht befürworten.

Man fordert eine Verschärfung der Controllvorschriften und der ständigen Ueberwachung der Irrenanstalten.

Diese Verschärfung der Vorschriften wird sich zunächst schon bei der Concessionsertheilung für die Privatirrenanstalten als nothwendig erweisen. Man wird nicht umhin können, einen Befähigungsnachweis für den ärztlichen verantwortlichen Leiter zu verlangen, und ohne dass ein solcher Arzt präsentirt wird, sollte keine Concession, auch nicht an Geistliche, Ordens- oder Wohlthätigkeits-Genossenschaften, ertheilt werden. Der betr. Arzt muss eine längere specialistische Ausbildung, durch mehrjährigen Assistentendienst oder dergl. nachweisen.

Die Ertheilung und Aufrechterhaltung der Concession muss von der dem Arzte einzuräumenden autoritativen Stellung abhängig gemacht und die Vorlage eines von der Regierung zu genehmigenden Contractes des Anstaltsunternehmers mit dem Arzt gefordert werden. Wie in Oesterreich sollte auch bei uns die Aufrechterhaltung der Concession an die Bedingung geknüpft werden, dass die Bestellung eines andern als des bei der Erlangung der Bewilligung namhaft gemachten leitenden Arztes jederzeit der Genehmigung der Regierung bedarf.

Weiter wird gefordert werden müssen, dass nicht nur in den Privatanstalten, welche heilbare Kranke aufnehmen, sondern auch in Pflegeanstalten von einer bestimmten Krankenzahl aufwärts (Kortum — Berliner klin. Woch. 1895 No. 28 — schlägt 25 vor) der leitende Arzt wohnhaft ist, und dass ihm bei grösserer Krankenzahl die nöthigen Hülfsärzte beigegeben werden. Auf 100 Kranke ein Arzt dürfte etwa zu fordern sein.

Als eine neue Einrichtung sind die Besuchscommissionen bereits beschlossen; sie waren von uns schon seit vielen Jahren in Vorschlag gebracht. Die für Preussen in Aussicht genommenen Commissionen sollen alljährlich nur einmal die Revision vornehmen, zu welcher auch der zuständige Kreisphysicus hinzugezogen werden soll. Auch eine Beaufsichtigung derjenigen Irren soll eintreten, welche in fremden Familien untergebracht sind.

Die regelmässigen Revisionen der Privatirrenanstalten durch die Kreisphysiker würden eine grössere Bedeutung für die Kranken und für die Anstalten haben, wenn es um die psychiatrische Ausbildung vieler dieser Beamten besser bestellt wäre. Es ist zur Hebung dieses Uebelstandes vorgeschlagen worden, dass die Physicatscandidaten in der Psychiatrie eingehender geprüft werden oder eine vorherige praktische Ausbildung nachweisen müssen. Den bereits im Amte befindlichen Physikern kann durch Fortbildungscurse nachgeholfen werden. Auch für die Regierungs-Medicinalräthe ist eine praktische Ausbildung an einer Irrenanstalt gefordert worden (Kortum a. a. O.). Im Uebrigen ist erst von der Durchführung der Medicinalreform Besserung zu erwarten. Der Physicus muss lediglich Beamter werden.

Von grösster Wichtigkeit ist es, dass bei der Centralbehörde — in Preussen also jetzt in der Medicinalabtheilung des Cultusministeriums, eine eigene (Unter-) Abtheilung für die Angelegenheiten des gesammten Irrenwesens eingerichtet wird. Nicht bloss ein Referent im Nebenamt, wie jetzt, sondern ein vortragender Rath mit 1—2 Hülfsarbeitern, alle Psychiater von längerer praktischer Erfahrung und alle im Hauptamt, sind nöthig, sie müssen ein eigenes Bureau haben und dem (Unter-) Abtheilungs-Vorsteher müsste das Recht des unmittelbaren Vortrages beim Minister zustehen. Mit vollem Recht hat Virchow in der Mellage-Debatte darauf hingewiesen, wie unglaublich kümmerliche Summen und welche halben Einrichtungen in Preussen immer für die Zwecke des Medicinalwesens und der Sanitätspolizei für ausreichend erachtet werden. Von Rechtswegen sollten wir einen besonderen Medicinalminister — einen Fachmann — haben, er wird in der Presse von verschiedenen Seiten befürwortet; Andere sind für Trennung der Medicinalangelegenheiten vom Cultusministerium und auch Virchow hält es für das Beste, die Medicinalabtheilung dem Ministerium des Innern, dem Polizeiministerium, zuzuweisen. — Jedenfalls aber müssten in der Centralverwaltung sich sachverständige Beamte mit fachmännischer praktischer Erfahrung befinden, welche jederzeit dort persönlich nachsehen können, wo aus den Revisionsberichten der Besuchscommissionen bezw. der Physiker, oder aus den Verhandlungen bei Neuconcessionen, oder aus den vorzulegenden Projecten und Programmen für Provinzial-Neubauten sich irgendwie eine bedenkliche Sachlage vermuthen lässt.

Denn auch eine centrale sachverständige Beaufsichtigung der provinziellen Irrenpflege ist wünschenswerth. Ich habe bereits im Februar 1893 in der Pommerschen Aerztekammer ausgeführt: „Es würde dem ganzen Irrenwesen (in Preussen) nur zum Vortheil gereichen, wenn die oberen Staatsbehörden sich mehr darum kümmerten, und die Aerzte an den Anstalten werden sich am meisten freuen, wenn einmal die ganze Irrenversorgung nach grossen allgemeinen Gesichtspunkten einheitlich im Staate behandelt wird, und wenn in alle kleinlichen, unpraktischen und unzureichenden Verhältnisse energisch hineingeleuchtet und bessernd eingegriffen wird.“

Wohl zur Beruhigung der erregten öffentlichen Meinung sind in neuester Zeit auch die öffentlichen Anstalten eingehend unvermuthet revidirt worden. Die preussischen Provinzialanstalten unterstanden bisher nach dem Gesetz der Ober-Aufsicht der Oberpräsidenten bezw. des Ministers des Inneren. Wenn sie jetzt vielfach von Commissionen revidirt wurden, welche aus einem — meist jüngeren — Mitglied der Königlichen Regierung des Bezirks und dem Regierungsmedicinalrath bestanden, so war das kein ganz correctes Verfahren. Und die Hinzuziehung des vielgenannten Herrn Finkelnburg, welcher zwar vor mehr als 30 Jahren Assistenzarzt an einer Anstalt war, seither aber sich mit andern medicinischen Fächern beschäftigte und niemals eine Anstalt geleitet hat, zu den Besuchscommissionen der Privatanstalten kann wohl nur dadurch erklärt werden, dass der betreffenden oberen Verwaltungsbehörde die ganze Thätigkeit Finkelnburg's im Processe Feldmann u. A.

nicht so bekannt geworden ist, wie sie den Fachleuten bekannt ist. —

Wenn ich nun zum Schluss auf die rechtliche Seite einer Reform des Irrenwesens noch mit einigen Worten zu sprechen kommen soll, so sind Gott sei Dank die Aussichten derer, welche dem Laienelement eine entscheidende Mitwirkung bei den Fragen des Irrenrechts einräumen wollen, nicht besser geworden. Wenn die in unsern Gesetzen vorhandenen Bestimmungen über die Entmündigung und die rechtliche Vertretung richtig und sachverständig angewendet werden, bedarf es einer Reform auf diesem Gebiete nicht. Ob Jedem, der einer Irrenanstalt angehört, auch wenn er nicht entmündigt ist, ein rechtlicher Vertreter, der die Interessen des Kranken bei der Anstalt, den Behörden, kurz nach allen Richtungen hin wahrnehmen kann, sogleich zugeordnet werden soll, mag weiterer Erwägung vorbehalten bleiben.

Hoffen wir von einer dauernden ausreichenden sachverständigen Berathung unserer obersten Staatsbehörden und von ihren wohlwollenden Entschliessungen, dass unser Irrenwesen bald in einer für unsre Kranken erspriesslichen Weise geregelt und dass Ungerechtigkeiten und Uebereilungen vermieden werden! Dann können auch wir Irrenärzte hoffen, dass die Verdächtigungen und Verunglimpfungen endlich einmal aufhören und dass unsre Anstalten sich ruhig und ungestört fortentwickeln und immer mehr vervollkommen werden!

Correferat von Geh. San.-Rath Dr. Zinn,

Dir. d. Prov.-Irrenheilanstalt zu Eberswalde, Landes-Medicinalreferent für die Provinz Brandenburg.

Wenn unsere vor 2½ Jahren einstimmig gefassten und sofort veröffentlichten Frankfurter Beschlüsse[1]), deren Berechtigung heute wohl Niemand mehr bestreitet, an den maassgebenden Stellen die verdiente Beachtung gefunden hätten, so würden, wie der Herr Referent bereits ausgeführt hat, die tief beklagenswerthen Zustände in der Irrenanstalt der Alexianerbrüder zu Aachen längst erkannt und beseitigt worden sein. Es ist sehr zu bedauern, dass es zu dieser Erkenntniss der bekannten Aachener Gerichtsverhandlung bedurft hat. Indess will ich nachträglich keinen Vorwurf erheben, sondern gern anerkennen, dass man an den maassgebenden Stellen nunmehr ernstlich bestrebt scheint, die Irrenpflege in normale, den ärztlichen und den humanitären Anforderungen entsprechende Bahnen zu lenken. Möge es gelingen, endlich eine nach Art und Umfang dem Bedürfniss wirklich genügende, organisch gegliederte Irrenfürsorge für alle Provinzen Preussens zu schaffen.

Wie immer bei ähnlichen Gelegenheiten — z. B. dem bekannten Feldmann'schen Processe — so haben in Folge der Aachener Gerichtsverhandlung die Angriffe und Verdächtigungen sich auch gegen die Irrenanstalten überhaupt — private und öffentliche — und deren Aerzte gerichtet, obgleich letztere seit Jahren auf die in Mariaberg zu Tag getretenen Uebelstände als

---

[1]) Bericht des Vereins der Deutschen Irrenärzte u. s. w. München 1893. Verlag von J. F. Lehmann.

nothwendige Folge des Systems aufmerksam gemacht und energisch Abhülfe verlangt haben.

In der Sitzung des Abgeordneten-Hauses vom 25. Juni l. Js. (Stenogr. Bericht S. 2453 u. ff.) bemerkte der Abgeordnete v. Eynern unter dem Eindruck der Mariaberger Vorfälle und „vieler anderer Vorkommnisse der letzten Zeit, dass unser Irrenwesen gegenüber dem Irrenwesen und den Einrichtungen für Irren in Holland, in Frankreich, in England noch nicht deren Höhe erreicht habe, sondern zurückgeblieben sei“. Der Herr Minister bezog sich dem gegenüber „auf das was unsere Provinzen für das Irrenwesen gethan haben, was mit den Einrichtungen anderer Länder vollständig den Vergleich auszuhalten im Stande sei“. Der Herr Minister hat darin vollkommen recht aber die blosse Behauptung, ohne thatsächlichen Nachweis wird den Eindruck der gegentheiligen Behauptung des Herrn v. Eynern kaum abgeschwächt haben, was im Interesse unserer Kranken und ihrer Familien sehr zu bedauern ist. Ich bin weit entfernt, dem Herrn Minister, von dessen wohlwollenden und ernsten Absichten wir überzeugt sind, daraus einen Vorwurf zu machen. Kein Laie auf dem Gebiet der Psychiatrie, auch wenn er Minister ist, wird Einwendungen wie die des Abgeordneten v. Eynern sofort widerlegen oder auf ihr berechtigtes Maass zurückführen können. Das kann nur der das ganze Gebiet der Irrenpflege beherrschende erfahrene Irrenarzt, den der Herr Minister in der Sitzung leider nicht zur Seite hatte. Den Thatsachen entsprechend sei hier hervorgehoben, dass Alles, was die Provinzen für das Irrenwesen gethan haben, ausschliesslich auf Anregung und Antrag der Irrenärzte geschehen und nur deren Zähigkeit und Ausdauer unter oft wenig angenehmen Verhältnissen zu danken ist. Zeigt sich auf dem Gebiet der Irrenpflege irgendwo ein Uebelstand oder eine Lücke, deren Beseitigung von den Irrenärzten längst verlangt worden ist, so werden dieselben trotzdem von einem grossen Theil der öffentlichen Meinung dafür verantwortlich gemacht und nicht selten treffen die Behörden unter diesem Drucke Maassregeln, welche den Anschein erwecken müssen, als läge wirklich die Schuld an den Anstalten und deren Aerzten.

Was den Zustand unseres Irrenwesens im Vergleich zu dem anderer Länder betrifft, so können wir uns ruhig auf das Urtheil ausländischer Sachverständiger berufen. Ich will nur hier an das Urtheil eines hervorragenden englischen psychiatrischen Sachverständigen, G. A. Tucker, erinnern, welcher 1884 einen dreijährigen Urlaub zu einem Besuch der ausländischen Irrenanstalten benutzt und namentlich die preussischen und übrigen deutschen Anstalten besucht, von ihren Einrichtungen und von der ganzen Organisation des Irrenwesens eingehend Kenntniss genommen hat.

In seinem grossen 1887 erschienenen Werk „Lunacy in many Lands“, Seite 698, erklärt derselbe in Uebereinstimmung mit Beard, der 1880 die Irrenanstalten Europas besucht hat: „In Bezug auf die Methoden der Ueberwachung, auf Fürsorge und Behandlung der Geisteskranken in öffentlichen und privaten Anstalten steht Grossbritannien allen andern Ländern Europas voran. Nächst Grossbritannien kommt Deutschland, welches indess so rasche Fortschritte macht, dass es bald mit Grossbritannien auf gleicher Stufe stehen wird. Nach Deutschland kommt Frankreich in der Reihenfolge des Verdienstes.“

Seit jener Zeit sind in der That in Preussen und dem übrigen Deutschland noch grosse Fortschritte gemacht worden, wenn ich auch nicht behaupten will, dass wir Grossbritannien in Allem und Jedem erreicht haben. So werden wir z. B. den Comfort, welchen das reiche England seinen armen und den dem Mittelstand angehörenden Kranken bietet, unsern Kranken, welche ja auch weniger Bedürfnisse und einfachere Lebensgewohnheiten haben, aus ökonomischen Gründen in dem Maasse nie gewähren können und gottlob auch nicht nöthig haben, zu gewähren. Richtig ist, dass England in Bezug auf den Umfang der für Geisteskranke getroffenen Fürsorge, in Bezug auf die für diese Kranken in Anstalten und sonst vorhandenen Plätze

Deutschland und namentlich Preussen noch erheblich überlegen ist. In allen Provinzen Preussens und im übrigen Deutschland streben übrigens die Irrenärzte mit allem Nachdruck eine Erweiterung der öffentlichen Irrenpflege (Errichtung neuer Anstalten, Familienpflege, Unterstützung aus den Anstalten entlassener Kranken u. s. w.) an. Es ist in dieser Beziehung Dank unserer Bestrebungen vieles geschehen; wenn noch vieles zu wünschen übrig bleibt, so ist das wahrlich nicht Schuld der Irrenärzte.

Die von dem Herrn Minister in der Sitzung des Hauses der Abgeordneten vom 10. März 1893 zur Beaufsichtigung der Irrenanstalten in Aussicht gestellten „Besuchscommissionen", bestehend „aus einem hervorragenden Kenner der Psychiatrie", dem Regierungs-Medicinalrath und einem höhern Verwaltungsbeamten, hat unser Verein 1893 in Frankfurt a. M. mit grosser Genugthuung in der Voraussetzung begrüsst, dass der „hervorragende Kenner der Psychiatrie" ein „in der praktischen Irrenpflege in all' ihren Beziehungen und mit dem Anstaltsleben in langjähriger Erfahrung vertrauter Irrenarzt sei". Es liegt auf der Hand, dass nur eine in der Art geleitete Revision einer Anstalt der schwierigen Aufgabe gewachsen und im Stande ist, etwa vorhandene Uebelstände zu constatiren, Verbesserungen anzuregen, und den Kranken und Aerzten Schutz zu gewähren, ohne jene aufzuregen, ohne deren Behandlung und Pflege zu erschweren und ohne die Autorität der Anstaltsärzte zu schädigen. Es ist sehr zu bedauern, dass die schon Anfangs 1893 in Aussicht genommenen „Besuchscommissionen" wegen Mangel an Mitteln erst mit Beginn des künftigen Etatsjahres — April 1896 — ins Leben treten können. Hoffen wir, dass es dann wirklich geschieht und dem Herrn Minister erheblich mehr Mittel zu dem Zweck zur Verfügung gestellt werden, als vorläufig beabsichtigt ist.

In der Sitzung des Hauses der Abgeordneten vom 25. Juni 1895 hat der Herr Minister in Beantwortung der bekannten

Interpellation Sattler ferner erklärt: „Er erwäge, ob es nicht zu erreichen sei, dass Jeder, der einer Irrenanstalt angehöre, auch wenn er nicht entmündigt sei, einen rechtlichen Vertreter habe, der sein Interesse bei den Behörden, in der Anstalt, kurz, nach allen Richtungen hin wahrnehmen könne.“ Die Wahrnehmung der Interessen der in einer Anstalt befindlichen Kranken nach allen Richtungen ist jedem Anstaltsdirector zur Pflicht gemacht, es ist indess nichts dagegen einzuwenden, dass auch nach dieser Richtung hin noch eine weitere Controle stattfindet. Ob aber der von dem Herrn Minister in Aussicht genommene Weg ausführbar ist und der beabsichtigte Zweck damit erreicht werden kann, ist mir doch sehr zweifelhaft, so sympathisch mir auch der Gedanke an sich ist. Dem Kranken, für den bereits gerichtlich ein Vormund bestellt oder für welchen ein „gesetzlicher Vertreter“ (Vater u. s. w.) vorhanden ist, wird man, wie ich glaube, ohne Zustimmung seines Vormundes oder seines „gesetzlichen Vertreters“ kaum noch einen besondern „rechtlichen Vertreter“ zuordnen können, abgesehen von den Conflicten, zu welchen das zwischen beiden Vertretern in vielen Fällen führen würde. Für die übrigen Kranken, welche noch nicht entmündigt sind oder einen gesetzlichen Vertreter (Vater u. s. w.) nicht haben, giebt der § 600 der Civil-Prozess-Ordnung, Verfahren in Entmündigungssachen, die Möglichkeit einen „rechtlichen Vertreter“ zu bestellen. Der § 600 lautet nämlich: „Sobald das Gericht die Anordnung einer Fürsorge für die Person oder das Vermögen des zu Entmündigenden für erforderlich hält, ist der Vormundschaftsbehörde zum Zweck dieser Anordnung Mittheilung zu machen.“ In der Provinz Brandenburg hat „der Anstaltsdirector, so lange die Entmündigung eines Kranken noch nicht eingetreten ist, die von ihm etwa erforderlich erachtete Fürsorge für die Person oder das Vermögen derselben bei dem zuständigen Vormundschaftsgericht zu beantragen“. Von dieser Bestimmung wird von mir häufig mit Erfolg Gebrauch gemacht. Trotzdem bin ich schon zur Beruhigung der öffentlichen Meinung nicht gegen Gewährung eines weitern Schutzes für den Kranken und für die Anstaltsärzte. Was den Vorschlag des Herrn Ministers betrifft, jedem der in einer Anstalt befindlichen Kranken noch einen besondern „rechtlichen Vertreter“ zu bestellen, so bezweifle ich die Möglichkeit, die dazu geeigneten und bereiten Personen zu finden. Zu dem Amte nicht geeignete Personen werden dem Kranken nur schaden und seine Behandlung und Pflege erschweren oder sie werden es machen wie der vor Einführung des jetzigen Entmündigungsverfahrens in Preussen dem „Provokaten“ bestellte „Interims-Curator“, der wohl Alles, was von dem die Entmündigung Beantragenden zur Unterstützung des Antrags vorgebracht wurde, bestritten, aber den Provokaten niemals gesehen oder sonst um ihn sich gekümmert hat. Ich glaube, bessere Belehrung vorbehalten, dass die Aufgabe, welche der Herr Minister dem besonderen „rechtlichen Vertreter“ zuweisen will, naturgemässer, zweckmässiger und einfacher von den „Besuchscommissionen“ erfüllt werden kann. Nur eine Revision im Jahr würde allerdings nicht genügen, und ebenso wenig würden die geringen vorläufig in Aussicht gestellten Mittel dazu ausreichen.

Es sei übrigens hier erinnert, dass nach dem in Krafttreten der Vormundschafts-Ordnung für Preussen 1875 die Gerichte auf Grund der §§ 13 u. 83 Abs. 3 dieses Gesetzes die Irrenanstalts-Directoren als „gesetzliche Vormünder“ der in ihren Anstalten befindlichen Kranken zur Uebernahme des Amtes gesetzlich verpflichtet erachteten und dass es nur den Bemühungen der Irrenanstalts-Directoren gelungen ist, von dieser Verpflichtung befreit zu werden. So begierig nach Macht, wie man uns oft nachsagt, sind wir also doch nicht, sonst würden wir wohl mit beiden Händen zugegriffen und als Director dem Vormund und als Vormund dem Director seine Pflichttreue und sein Wohlverhalten bescheinigt haben. Noch eine andere mehr allgemeine Bemerkung sei mir hier gestattet: In Preussen sind die Provinzialverbände, welchen die Fürsorge für die hülfsbedürftigen Geisteskranken, Epileptischen und Idioten obliegt, für ihre Anstalten die nächste Aufsichtsbehörde und dem Staate und der öffentlichen Meinung gegenüber verantwortlich. Der Staat, welcher sich bislang kaum darum gekümmert hat, ob die Provinzen der ihnen auferlegten Pflicht überall nachkommen, ist gegenwärtig, scheint mir, in Gefahr über das zulässige Maass zum Schaden der Sache hinauszugehen. Gewiss hat der Staat die Pflicht der Oberaufsicht, welche er streng aber sachverständig handhaben soll, aber er muss sich auch darauf beschränken und darf nicht ohne Noth in die Befugnisse der Provinzialverwaltungen eingreifen, will er bei diesen das Gefühl der Verantwortung und das Interesse an diesem Zweig der Verwaltung nicht abschwächen.

Meine Herren, Sie erinnern sich der heftigen Angriffe, welche seiner Zeit der Abgeordnete Stöcker und Genossen und der „Aufruf“ der Kreuzzeitung vom 9. Juli 1892 gegen das bestehende Entmündigungsverfahren gerichtet haben und der auf diese Angriffe 1893 in Frankfurt erfolgten einstimmigen Antwort unseres Vereins. Es wird für Sie eine Genugthuung sein zu hören, dass auch dieser das Entmündigungsverfahren betreffende Beschluss unseres Vereins an maassgebender und competenter Stelle Bestätigung gefunden hat. In der Sitzung des Preuss. Herrenhauses vom 9. Juli d. Js. erklärte der Vertreter des Justizministers, Geh. Oberjustizrath Vierhaus unter Andern: „am bedenklichsten unter den Göttinger Thesen ist aber der erste Satz, in dem es heisst: „dass zum Ausdruck gebracht werde, dass nachweislich ungerechtfertigte Entmündigungen und andere grobe Rechtswidrigkeiten vorgekommen seien, ohne dass dagegen eingeschritten sei.“

„Ich möchte Namens der Justizverwaltung an die Unterzeichner des „Göttinger Aufrufs“ die directe Forderung stellen, die Fälle, in denen ungerechtfertigte Entmündigungen und grobe Rechtswidrigkeiten vorgekommen sind, dem Herrn Justizminister anzuzeigen. Es wird mit aller Strenge eingeschritten und eine unparteiische Untersuchung eingeleitet werden. Aber ich gebe ebenso die Erklärung ab, dass irgend ein Fall, auf den dieser Satz Anwendung fände, bis zu dieser Stunde dem Preussischen Justizminister nicht zur Kenntniss gelangt ist, und dass ich daher, wenn die Herrn nicht ganz schlagendes Beweismaterial hinter sich haben, den Vorwurf als einen ungerechtfertigten zurückweisen, zum mindesten aber lebhaft bedauern muss, dass die Herren das Material nicht der Stelle unterbreitet haben, die allein befugt und in der Lage ist, davon entsprechenden Gebrauch zu machen.“

In Bezug auf die Reformbedürftigkeit des Entmündigungsverfahrens erklärte der Vertreter des Preuss. Justizministers weiter: „Bei der vorjährigen Verhandlung der Commission des Hohen Hauses hatte ich die Ehre, eine Zustammenstellung aus den Berichten der Preuss. Justizbehörden über die letzte Frage der Commission zu überreichen und daran die Bemerkung zu knüpfen, dass sämmtliche Justizbehörden sich ausnahmslos dahin ausgesprochen haben, dass die Grundlagen des Entmündigungsverfahrens durchaus gesunde und richtige seien und dass man auf Grund der seither gemachten Erfahrungen nur in einigen Punkten mehr oder weniger zweckmässige Verbesserungen des Verfahrens einführen könnte. Damit durfte ich damals namens meines Chefs die Erklärung verbinden, dass bei den Arbeiten zu einer Revision der Civilprozessordnung, die inzwischen eingeleitet worden sind, der Preuss. Justizminister für eine Einführung dieser von den Justizbehörden empfohlenen Verbesserungen eintreten werde. Seitdem haben diese Verhandlungen begonnen, und zwar unter Zuziehung von Praktikern aus den verschiedensten deutchen Bundestaaten, nicht aus Preussen allein, und im Auftrag des Herrn Justizministers habe ich mir erlaubt, als Commissar zu dieser Conferenz an die Herren die Frage zu richten, ob etwa ausserhalb Preussens Wahrnehmungen gemacht seien, die eine Reformbedürftigkeit des Entmündigungsverfahrens an Haupt und Gliedern als gegeben erscheinen liessen, und übereinstimmend haben wiederum die Herren erklärt, die Grundlagen des Entmündigungsverfahrens seien gesunde und könne es sich nur um einige Verbesserungen handeln. Die Verbesserungen, die seitens der Preuss. Justizverwaltung angeregt waren, fanden bei diesen vorläufigen Berathungen im Wesentlichen Zustimmung."

(Stenogr. Bericht über die Sitzung des Preuss. Herrenhauses vom 9. Juli 1895. S. 381 u. 382.)

Wir können dem Herrn Justizminister für das von ihm zur Prüfung der vorgebrachten Beschwerden eingeschlagene, unbefangene und gründliche Verfahren und seinem Vertreter im Herrenhause für seine klare und bestimmte Erklärung nur dankbar sein und wünschen, dass das Verfahren des Herrn Justizministers und seines Vertreters künftig allseitig Nachahmung finden möge. Nur so kann ungerechtfertigten Klagen und Beschwerden begegnet und die öffentliche Meinung aufgeklärt und beruhigt werden.

Die Punkte unserer Irrenpflege, welche einer Reform bedürfen, liegen auf einem ganz andern Gebiete, als die Laien, welche so laut nach einer solchen rufen, ahnen. Die grosse Mehrzahl der öffentlichen deutschen, namentlich der preussischen Irrenanstalten ist mit Kranken überfüllt, in nicht wenigen hat diese Ueberfüllung nachgerade eine bedenkliche Höhe erreicht, ist zu einer wahren Calamität geworden. Muss eine Anstalt mehr Kranke beherbergen als der vorhandene Raum, die bauliche, technische und innere Einrichtung erlauben, so werden dadurch, wie die tägliche Erfahrung lehrt, die Kranken aufs Empfindlichste geschädigt, die ruhigen werden anfgeregt, zerstörend gewaltthätig, die Heilung der Heilbaren wird verzögert und in nicht seltenen Fällen leider geradezu vereitelt. Die Ueberfüllung einer Irrenanstalt hat ausserdem schwere Gefahren für die Kranken, das Aerzte- und Wartpersonal zur Folge. Dieselbe ist, wie College L u d w i g in dem jüngsten Bericht der „Verwaltung der Unterstützungskasse der Hessischen Landesirrenanstalten" (1895. Allendorf in Heppenheim a. d. Bergstr. S. 5) treffend sagt: „Die Ueberfüllung ist, wenn sie einmal einen gewissen Grad erreicht hat, nichts anderes, als eine Tag und Nacht fortgesetzte Misshandlung der geisteskranken Pfleglinge der Anstalt an Leib und

Seele, ein thatsächlicher Betrug in den Hoffnungen und dem Vertrauen der Kranken und ihrer Angehörigen, eine Vernichtung der Arbeitsfreudigkeit und des Pfichteifers der Aerzte, deren Bemühungen fruchtlos bleiben müssen und endlich noch ein unfehlbares Mittel um den willigen und eifrigen Wärter zu entmuthigen und zur Dienstkündigung zu bewegen, die Rohheiten und die Nachlässigkeiten des schlechten Wärters aber zu beschönigen.“ In der That ist eine Irrenanstalt, bei welcher die Ueberfüllung einen hohen Grad erreicht hat und längere Zeit besteht, trotz der „freien Behandlung“ und aller Errungenschaften der letzten 30—40 Jahre einem „Tollhaus“ zu Anfang des Jahrhunderts nicht unähnlich.

Eine Ueberfüllung einer Irrenanstalt auch mässigen Grades ist, wenn sie längere Zeit dauert, ein schwerer Uebelstand. Solche Zustände sind auf die Dauer unhaltbar und unverantwortlich. Es ist unsere Pflicht mit aller Energie gründliche Abhülfe von den zuständigen Behörden zu verlangen. Schon in der Sitzung unseres Vereins 1877 zu Nürnberg habe ich mit Ihrer Zustimmung ausgeführt: „den Provinzen, Kreisen, u. s. w. sei die Pflicht aufzuerlegen, dafür zu sorgen, dass mindestens ein bestimmter Procenttheil der Bevölkerung Aufnahme in Irrenanstalten finden könne. Ferner sei von dem Staate zu bestimmen, wie viel Luft- und Bodenraum pro Kopf, was an Nahrung (Milch, Fleisch u. s. w.) mindestens pro Tag und Kopf zu gewähren sei, wie viel Aerzte und Wärter für je eine bestimmte Krankenzahl anzustellen seien“ u. s. w. Bislang sind, wie bekannt, in Preussen wenigstens diese Forderungen unberücksichtigt geblieben. Hoffen wir, dass dieselben nun bald erfüllt werden[1])!

Eines andern Uebelstandes hat der Herr Referent bereits

---

[1]) Wie ich zuverlässig höre, ist in Preussen der „Entwurf zu einer Polizeiverordnung über Anlage, Bau und Einrichtung von öffentlichen und privaten Kranken-, Entbindungs- und Irrenanstalten“ den Provinzialbehörden zur gutachtlichen Aeusserung inzwischen zugegangen.

gedacht, nämlich der grossen Zahl von geisteskrank gewordenen Verbrechern, namentlich von Gewohnheitsverbrechern, den sogenannten Verbrechernaturen, welche, wenigstens in Preussen, die meisten Irrenanstalten verpflegen müssen. Unser Verein hat schon wiederholt Abhülfe verlangt, es wurde dann die Irrenabtheilung an der Strafanstalt Moabit zur Beobachtung und vorübergehenden Behandlung in Zuchthäusern und Gefängnissen der Monarchie Preussen geisteskrank gewordener Verbrecher errichtet und damit — mirabile dictu — erreicht, dass die Zahl der in Irrenanstalten zu verpflegenden geisteskranken Verbrecher gegen früher noch erheblich zugenommen hat! Auch hier ist es unsere Pflicht, auf die Nachtheile und Gefahren dieses Verfahrens immer wieder aufmerksam zu machen und im Interesse unserer Kranken Abhülfe zu fordern. In welcher Richtung diese erfolgen kann, hat der Herr Referent bereits angedeutet, allgemeine Grundsätze lassen sich da nicht aufstellen, je nach den örtlichen Verhältnissen werden verschiedene Wege gewählt werden können.

Den Ausführungen des Herrn Referenten betreffend die Nothwendigkeit der bessern Ausbildung aller Aerzte in der Psychiatrie, dem Verlangen, die Zulassung zur ärztlichen Prüfung von dem Nachweis eines mindestens halbjährigen Besuchs einer psychiatrischen Klinik abhängig zu machen und die Psychiatrie als Gegenstand der ärztlichen Prüfung in die Prüfungsordnung aufzunehmen, stimme ich natürlich durchaus zu. Ebenso halte ich es sehr der Erwägung werth, ob nicht von den Aerzten, welche in den Staatsdienst treten wollen, die Zulassung zur Staats- (Physicats-) Prüfung, wie bereits in Sachsen und, wie ich höre, in Baden und Württemberg vorgeschrieben ist, von dem Nachweis einer mindestens drei Monate betragenden Thätigkeit an einer von der Landesregierung als geeignet bezeichneten öffentlichen Anstalt abhängig zu machen sei. Jedenfalls wird aber zu verlangen sein, dass die Prüfung in der Psychiatrie in einem besondern Abschnitt von einem Psychiater vorgenommen werde. In der hoffentlich nun endlich zu Stande kommenden

Medicinalreform muss den beamteten Aerzten eine rein amtliche Stellung eingeräumt und denselben ein der Bedeutung und Schwierigkeit des Amtes entsprechendes ausreichendes Gehalt mit Pensionsberechtigung eingeräumt werden.

Meine Herren, der Herr Minister für die Medicinalangelegenheiten hat dem wichtigsten von unserm Verein 1893 in Frankfurt a. M. gestellten Verlangen, „einen mit der Psychiatrie und der Irrenpflege durch langjährige Erfahrung im Anstaltsleben vertrauten Irrenarzt als Decernent für das Irrenwesen in das Ministerium zu berufen“ insoweit entsprochen, als derselbe den Herrn Collegen Moeli zu dem Zweck im Nebenamt berufen hat. So dankbar wir für dieses Entgegenkommen dem Herrn Minister auch sind, so befriedigt die getroffene Wahl uns hat, so müssen wir im Interesse der Sache doch freimüthig erklären, dass damit dem Bedürfniss nicht genügt ist. Für jeden mit der diesem Beamten in Preussen gestellten Aufgabe in ihrem ganzen Umfang Vertrauten unterliegt es keinem Zweifel, dass dieses Amt die ganze Zeit und Kraft eines noch so leistungsfähigen Mannes in Anspruch nimmt und dass ihm, soll er wirklich der schwierigen, umfassenden, so verschiedene Anforderungen an ihn stellenden Aufgabe gerecht werden, die nöthigen Hülfsarbeiter, wie das der Herr Referent ausgeführt hat, beigegeben werden müssen. Ich sollte meinen, dass nach den jüngsten Vorgängen man auch an maassgebender Stelle sich von der Berechtigung und Dringlichkeit unseres Verlangens hat überzeugen müssen. Die Erfüllung dieses Verlangens ist die unerlässliche Vorbedingung für eine gute Irrenpflege. Ich will nicht wiederholen, was ich vor zwei Jahren in Frankfurt zu dieser Frage gesagt habe, sondern nur heute nochmals betonen, dass nur, wenn unserm Verlangen ganz entsprochen wird, „eine planmässige, consequente und zielbewusste Leitung unseres Irrenwesens in ärztlicher, administrativer, polizeilicher und rechtlicher Hinsicht möglich ist und dass im andern Falle auch die wohlgemeintesten Anordnungen wesentlich nur „schätzbares Actenmaterial“ bleiben werden und die öffentliche Meinung nie zur Ruhe kommen wird". Schon 1878 hatte ich in der Sitzung unseres Vereins in Cassel im Namen des Vorstands erklärt: „Der Vorstand halte eine bessere Organisation der Irrenpflege, eine geeignete und wohlthätig nach allen Seiten wirkende Staatsaufsicht über die Irrenanstalten so lange für unmöglich, als es an einer sachverständigen Vertretung der Irrenheilkunde in den Ministerien fehle." (Allg. Zeitschr. f. Psychiatrie Band 35 S. 528.) Bei dem Wohlwollen und dem lebhaften Interesse, welches man an maassgebender Stelle unsern Bestrebungen entgegenbringt, dürfen wir, wie ich glaube, nun wohl zuversichtlich erwarten, dass das seit 20 Jahren gestellte Verlangen nun endlich in seinem ganzen Umfang geneigtes Gehör findet. Damit steht und fällt jede Reform des Irrenwesens in Preussen und jede Hoffnung, die sich daran knüpft.

Den Ausführungen der beiden Referenten entsprechend hat der Vorstand des Vereins unter Zuziehung der Referenten in einer gestern hier abgehaltenen Sitzung die in Ihren Händen befindlichen Thesen aufgestellt. Er hat sich dabei streng auf den Gegenstand der Tagesordnung beschränkt und hat die Thesen so gefasst, dass er Ihrer allseitigen Zustimmung glaubt sicher sein zu dürfen. Bei der These unter I. 1 hat er geglaubt, die bezüglichen Frankfurter Beschlüsse weiteren Kreisen wieder in Erinnerung bringen zu müssen.

In der These 2 wird die Nothwendigkeit einer bessern Ausbildung und strengern Prüfung in der Psychiatrie für die dem Staatsdienst sich widmenden Aerzte betont. In These 3 hat auch unser Verlangen nach dem baldigen Inkrafttreten der für Preussen längst verheissenen Medicinalreform und der den beamteten Aerzten zu gewährenden Stellung Ausdruck gefunden. Auf Antrag von Geheimrath Dr. Lent in Köln hat die Rheinische Aerztekammer energisch Stellung in Bezug auf die Gestaltung der Irrenpflege und der Staatsaufsicht über die Irrenanstalten ganz im Sinne unserer Frankfurter Beschlüsse genommen und mit Recht eine andere Auslegung bezw. Aenderung des § 30

(Concessionirung von Privatirrenanstalten u. s. w.) und ferner eine Aenderung des § 6 (Ausübung der Heilkunde u. s. w.) und des § 29 (Approbation u. s. w.) der Reichsgewerbeordnung verlangt. Wir können das Vorgehen der Rheinischen Aerztekammer nur mit Dank begrüssen und wünschen, dass der Aerztekammer-Ausschuss die übrigen Aerztekammern bald zu gleichem Vorgehen veranlassen möge. Das allgemein ärztliche Interesse ist auch unser Interesse, unterstützt unsere Bestrebungen und befestigt, indem wir mit dafür eintreten, unsere Stellung. Die Thesen 4 und 5 bedürfen einer besonderen Begründung und Erläuterung nicht. Die These 6 entspricht in der Fassung einem bereits 1877 in Nürnberg auf Antrag von Jastrowitz gefassten Beschluss des Vereins. „In den Ministerien sind sachkundige Centralbehörden für das Irrenwesen zu creiren“ (Allg. Zeitschr. f. Psychiatrie Band 34 S. 723) und unterscheidet sich von unserm Frankfurter Beschluss (These IV. 2, Bericht über die Frankfurter Verhdl. S. 102) nur insoweit, als sie ausdrücklich ausspricht, was der Frankfurter Beschluss als selbstverständlich voraussetzt, nämlich dass dem in das Ministerium zu berufenden Irrenarzte die nöthigen psychiatrisch gebildeten Hülfsarbeiter nicht fehlen dürfen.

Was den Antrag unter II betrifft, so glaubte der Vorstand, hier von einer Resolution Abstand nehmen zu müssen. Die Wärterfrage steht nicht auf der Tagesordnung und ist deshalb zur Fassung bestimmter allseitig befriedigender Beschlüsse nicht genügend vorbereitet. Die grosse Wichtigkeit dieser Frage wird von uns Allen anerkannt. Der verdient den Namen eines Irrenarztes nicht, der sich dessen nicht bewusst und nicht fortwährend bestrebt ist, für den schwierigen und verantwortlichen Dienst geeignetes Personal zu gewinnen, dasselbe für den Beruf auszubilden, sittlich zu heben und seine äussere Stellung so zu gestalten und zu sichern, dass dasselbe möglichst lang der Anstalt erhalten wird. Dem Ziele streben die deutschen Irrenärzte, so lange es Irrenanstalten giebt, mit zäher Ausdauer zu, erhebliche Fortschritte sind gemacht und wenn vieler Orten das Nothwendige noch nicht erreicht ist, so trifft die Irrenärzte die Schuld nicht, sondern die Behörden, welche den wohlbegründeten Anträgen jener nur zögernd und halb oder auch gar nicht entsprochen haben. Der Vorstand wünscht nun, dass diese Frage neuerdings gemeinsam mit aller Energie geprüft und zu einer möglichst glücklichen Lösung gebracht werde. Der Vorstand beabsichtigt, wenn Sie, wie er hofft, dem Antrag zustimmen, Collegen aus verschiedenen Provinzen Preussens und aus andern Deutschen Staaten zu den Berathungen hinzuzuziehen. Er bittet Sie, ihm motivirte Vorschläge einzureichen, aber so rechtzeitig, dass dieselben vor der betreffenden Sitzung, deren mehrere werden stattfinden müssen, den Mitgliedern des durch Zuziehung anderer Collegen erweiterten Vorstands zugestellt werden können. Thut jeder seine Pflicht, so dürfen wir zuversichtlich hoffen zu einer glücklichen Lösung zu gelangen und bei den zuständigen Behörden unter den gegenwärtig für den Zweck günstigen Verhältnissen endlich auch geneigtes Gehör zu finden. Vollkommenes werden wir in der Frage so wenig wie auf jedem andern Gebiete des Lebens freilich nie schaffen können, aber nach dem Ziele wenigstens wollen wir mit zäher Ausdauer weiter ringen.

Der Vorstand bittet Sie, abgesehen von dem Mangel an Zeit auf eine materielle Discussion dieses Antrags zu verzichten und dieselbe auf die nächste Jahressitzung zu verschieben, in welcher die „Wärterfrage“ den Hauptgegenstand der Tagesordnung bilden soll und erschöpfende Referate vorliegen werden. Dass inzwischen jeder von uns in seinem Bestreben ein gutes Wartpersonal heranzuziehen u. s. w. fortfahren wird, ist selbstverständlich.

Meine Herren, dass sowohl die Psychiatrie als Wissenschaft wie die Irrenpflege in Deutschland in den letzten Jahrzehnten — wir dürfen sagen, Dank der Arbeit, Mühe und Aufopferung der Deutschen Irrenärzte — gewaltige, erfreuliche Fortschritte gemacht hat, ist Thatsache. Anders steht es mit der Stellung der öffentlichen Meinung zu der Irrenpflege, ihren Aufgaben, Leistungen und zu dem Wirken der Irrenanstalten. Da muss ich bekennen, dass ein grosser Theil der öffentlichen Meinung bis in die hochgebildeten Kreise hinein heute noch so verständnisslos diesen Fragen gegenübersteht, wie vor 40 Jahren, ja noch mehr, es ist nicht besser, sondern schlimmer geworden. Leider sind wir Irrenärzte in dieser Beziehung nicht frei von Schuld, wir haben nicht genügend und nicht ausdauernd genug zur Belehrung und Aufklärung der öffentlichen Meinung gethan. Die Irrenpflege bedarf, soll sie ihren Zweck erfüllen, der Unterstützung der öffentlichen Meinung. Die Vorgänge der letzten Jahre mahnen uns dringend, hier Wandel zu schaffen. Jeder von uns muss an seinem Orte nach Zeit und Gelegenheit mündlich und schriftlich und in der Tagespresse die öffentliche Meinung zu belehren und aufzuklären suchen. Er muss dabei aber nur solche Fragen erörtern, in welchen Uebereinstimmung unter uns besteht und muss sich hüten, Fragen in der Tagespresse zu besprechen, in welchen unsere Ansichten noch vielfach auseinandergehen. Die Erörterung solcher Fragen gehört nur in die Fachzeitschriften, im andern Falle werden nur Zweifel und Vorurtheile genährt und Misstrauen gesäet. Wenn wir aber in der von mir empfohlenen Weise beharrlich vorgehen, so wird es, wenn auch sehr langsam, doch allmählig gelingen, bei der öffentlichen Meinung Verständniss und Unterstützung unserer Bestrebungen zu finden, welche uns bislang fehlten und deren wir doch so dringend bedürfen.

Mit der Bitte, dass auch auf dem Gebiete jeder von uns seine Pflicht thun, und mit dem Wunsche, dass unsere gemeinsame Arbeit auch hier Erfolg haben möge, schliesse ich mein Referat.

Die Versammlung genehmigte hierauf ohne weitere Discussion einstimmig die von dem Vorstand und den Referenten vorgeschlagenen Thesen sowie den gestellten Antrag.

Die gefassten Beschlüsse lauten:

1. Der Verein der Deutschen Irrenärzte erklärt wiederholt, die endliche Durchführung seiner in der Jahressitzung vom

25. Mai 1893 in Frankfurt a. M. in Bezug auf die Reform des Irrenwesens einstimmig gefassten Beschlüsse als eine **unabweisbare** Pflicht der Staats- und Provinzialbehörden, umsomehr, als die Berechtigung und Dringlichkeit dieser Beschlüsse durch die bekannten, tief beklagenswerthen Zustände und Vorgänge in der Irrenpflegeanstalt der Alexianerbrüder in Aachen kürzlich eine beschämende Bestätigung gefunden haben.

Diese Beschlüsse lauten:

> Nicht unter ärztlicher Leitung und Verantwortung stehende Anstalten für Geisteskranke — einerlei, ob dieselben heilbar oder unheilbar sind —, für Epileptische und für Idioten entsprechen nicht den Anforderungen der Wissenschaft, Erfahrung und Humanität und können deshalb als „zur Bewahrung, Kur und Pflege dieser Kranken geeignete Anstalten“, auch im Sinne des Preussischen Gesetzes vom 11. Juli 1891, nicht betrachtet werden.
>
> Unheilbare Geisteskranke bedürfen der ärztlichen Fürsorge nicht minder als die heilbaren.
>
> Es ist deshalb Pflicht des Staates, der Provinzial- und Kreisverbände, die hilfsbedürftigen Geisteskranken, Epileptischen und Idioten in eigenen, unter ärztlicher Leitung und Verantwortung stehenden Anstalten zu bewahren, zu behandeln und zu verpflegen.
>
> Alle im Besitz von Privaten oder religiösen Genossenschaften befindlichen Anstalten der genannten Art müssen unter verantwortliche ärztliche Leitung und unter **besondere** Aufsicht der Staatsbehörde gestellt werden. Als leitende und für die Leitung verantwortliche Aerzte dürfen nur psychiatrisch, theoretisch und praktisch vorgebildete Aerzte angestellt werden. Ihre Anstellung an im Besitz von Privaten oder von religiösen Genossenschaften befindlichen Anstalten bedarf wie ihre Dienstanweisung, der Genehmigung der Staatsbehörde.
>
> Die fernere Annahme einer Stelle an einer nicht

unter ärztlicher Leitung stehenden Anstalt durch einen Arzt widerstreitet dem öffentlichen Interesse und der Würde des ärztlichen Standes.

Der Staat hat die Pflicht, für eine bessere theoretische und praktische Ausbildung aller Aerzte in der Psychiatrie zu sorgen; zu dem Zweck muss die Zulassung zur ärztlichen Prüfung von dem Nachweis eines mindestens halbjährigen Besuchs einer psychiatrischen Klinik abhängig gemacht und die Psychiatrie als Gegenstand der ärztlichen Prüfung in die Prüfungsordnung aufgegenommen werden.

(Beschl. d. V. d. d. Irrenärzte 1872, 1877, 1878, 1883 u. s. w. Allg. Ztschr. f. Psychiatr. Bd. 29, 34, 35, 40. — Bericht des Vereins der Deutschen Irrenärzte, Lehmannsche Buchhandlung, München 1893, S. 37 u. 102.)

In Ergänzung dieser Beschlüsse erklärt der Verein ferner:

2. In der Prüfung für den ärztlichen Staatsdienst (Physicats-Prüfung) sind in Bezug auf Psychiatrie strengere Anforderungen als bislang in Preussen an die Candidaten zu stellen, insbesondere ist die Prüfung in der Psychiatrie in einem eigenen Abschnitt von einem Psychiater vorzunehmen.

3. In der zu erwartenden Medicinal-Reform für Preussen ist den beamteten Aerzten eine rein amtliche Stellung einzuräumen und denselben ein der Bedeutung des Amtes entsprechendes Gehalt mit Pensionsberechtigung zu gewähren.

4. Die in vielen deutschen, insbesondere preussischen Irrenanstalten bestehende Ueberfüllung ist mit schweren Nachtheilen und Gefahren für die Kranken, das Aerzte- und Wartpersonal verbunden. Baldige gründliche Abhilfe ist dringend geboten.

5. Die Anwesenheit geisteskrank gewordener Verbrecher, namentlich in grösserer Zahl in einer Irrenanstalt, verletzt und schädigt die übrigen Kranken empfindlich, erschwert die „freie Behandlung“ und gefährdet, da die Irrenanstalt gegen Entweichungen solcher Kranken die nöthige Sicherheit ohne Ver-

zicht auf den Charakter als Krankenanstalt nicht bieten kann, die öffentliche Sicherheit in hohem Grade. Endliche Abhilfe ist auch hier dringendes Bedürfniss.

6. Die Schaffung einer eigenen Abtheilung für das Irrenwesen an dem zuständigen Ministerium mit einem erfahrenen Irrenarzte an der Spitze und den nöthigen psychiatrisch gebildeten ärztlichen Hilfsarbeitern, sämmtlich im Hauptamt angestellt, ist die unerlässliche Vorbedingung für eine planmässige, consequente und zielbewusste Entwicklung unseres Irrenwesens und für eine genügende und wohlthätig nach allen Seiten wirkende Staatsaufsicht über die Irrenanstalten.

7. Der Vorstand wird, mit dem Recht der Ergänzung, beauftragt, die „Wärterfrage“ einer erneuten gründlichen Prüfung zu unterziehen und dem Verein in seiner nächsten Jahressitzung Bericht zu erstatten und Vorschläge zu einer möglichst allseitig befriedigenden Lösung dieser Frage zu unterbreiten [1]).

---

[1]) Zu Referenten über No. 7 („Wärterfrage“) wurden bestellt: Obermedicinalrath Professor Dr. Grashey, Director der Kreisirrenanstalt und der Psychiatrischen Klinik in München, und Geheimer Medicinalrath Dr. Ludwig, Director der Grossherzoglich Hessischen Irrenheilanstalt in Heppenheim a. d. Bergstrasse.

FSC
www.fsc.org
MIX
Papier | Fördert
gute Waldnutzung
FSC® C083411

Kolibri 360 GmbH
Ferdinand-Jühlke-Straße 7
99095 Erfurt, Deutschland
produktsicherheit@kolibri360.de